(Par Un Ancien Trésorier De Liège,
l'abbé Jarry.) D'après Barbier.)

(Par Un Ancien Trésorier De Liège,
l'abbé Jarry.) D'après Barbier.)

S. HERMENIGILDE,

PATRON

DE L'ORDRE MILITAIRE

INSTITUÉ

PAR S. M. FERDINAND VII,

ROI D'ESPAGNE.

Surgit ingens gloria,
Pro mortuo mori Deo.
SANTOL. VICT.

P. D. L. A. T. D. L.

A PARIS,

Chez les Marchands de Nouveautés.

1817.

(C.)

S. HÉRMÉNIGILDE,

MARTYR,

Patron de l'Ordre militaire institué par S. M.
FERDINAND VII, Roi d'Espagne.

A M. le Rédacteur du Journal des Débats.

M.

L'ORDRE de chevalerie que S. M. le Roi
d'Espagne vient de créer, sous le titre et
le patronage de S. Herménigilde, me fait
souvenir de la manière odieuse dont la mémoire du bienheureux Martyr fut déchirée,
il y a quelques années, dans votre journal.
M. Malte-Brun, qui en étoit alors un des
collaborateurs, en annonçant, le 7 Mars
1812, une *Histoire générale d'Espagne*,
écrite en français par un catholique Alle-
mand, M. Depping, se plut à faire remarquer que, *malgré sa piété profonde et
fervente, et son attachement à l'Eglise*

(2)

M. Depping *avoit jugé avec beaucoup d'impartialité, Hermenigilde, ce prétendu saint
et martyr, qui n'est aux yeux de l'histoire
qu'un fils ingrat, un prince rébelle, un
citoyen criminel, en un mot, un fanatique
détestable.*

Je m'empressai d'adresser aussitôt quelques observations à M. Malte-Brun, en le
priant de vouloir bien les insérer dans le
journal, pour servir de correctif à sa censure, s'il n'aimoit mieux la désavouer. Il
ne crut point devoir obtempérer à mes dé-
sirs. Je les publie aujourd'hui avec quelques
développemens; et j'attends de votre équité,
Monsieur, que vous en rendiez compte.
Votre journal a servi d'organe aux détracteurs de S. Hermenigilde; pourroit-il, sans
partialité, rejeter les réclamations de son
défenseur. Il est dans l'ordre que la répa-
ration se fasse dans le lieu même où l'injure
a été commise. Cette discussion, importante
en elle-même, puisque le martyre de Saint
Hermenigilde eut une si grande influence
sur la conversion des Visigoths, acquiert
un nouveau degré d'intérêt, dans le moment
où l'on institue un ordre militaire en son
honneur.

On peut, je crois, Monsieur, sans blesser

l'amour-propre de la plupart de vos lecteurs, supposer que le nom de ce Saint leur est entièrement inconnu. Quant à ceux qui se rappellent, et qui ont peut-être adopté l'opinion de M. Malte-Brun, ils doivent être plusqu'étonnés que le Roi d'Espagne donne pour patron à son nouvel ordre, un *mauvais citoyen, un fils rébelle et un detestable fanatique*. Il est donc à propos d'instruire les premiers, de détromper les autres, et surtout de venger la mémoire d'un Martyr célèbre, la vérité de l'histoire et la sagesse de l'Eglise catholique, outrageusement attaquées.

Commençons par exposer succinctement ce que les écrivains les plus exacts et les plus estimés nous racontent de la vie de S. Herménigilde, et des circonstances de sa mort (1).

Leuvigilde ou Leovigilde étoit monté sur le trône d'Espagne en 568. Dans la vue de plaire à ses peuples et d'affermir son autorité, il épousa en secondes noces Gosuinte,

______

(1) S. Greg. M. *Dial.* Joan. Biclar. *Chron.* S. Isid. Hispal. *Hist. Goth.* et *de Scrip.* Gregor. Turon. *Hist.* Mariana, Florès, Ferréras, *Hist. d'Espag.* D. Mabillon, *Ann. bened.* P. P. Maurani, *Invita S. Greg. M.* Hist. univers. par des savans Anglais. Alban Butl. *Vies des Martyrs.* &c.

(4)

veuve d'Athanagilde, son prédécesseur, et
mère de la fameuse Brunehaut. Leuvigilde
avoit eu deux fils de son premier mariage :
ils se nommoient Hermenigilde et Récarède.
On sait que la couronne étoit élective parmi
les Visigoths (1). Quand un roi vouloit la
transmettre à ses enfans, ou à ses neveux,
il prenoit la précaution de les associer de
son vivant à la royauté. Il obtenoit l'agré-
ment des grands, qui, liés par cet enga-
gement, confirmoient toujours ensuite cette
première élection. Leuvigilde eut recours
à ce moyen, que Lieuva, son frère, avoit
employé en sa faveur. Il déclara rois Hermenigilde et Récarède, et leur donna une
portion de ses états à gouverner. Il fit
épouser à Hermenigilde, qui étoit l'aîné,
une princesse de France, Ingonde, fille de
Sigebert et de Brunehaut, et petite-fille de
Gosuinte, et lui assigna Séville pour rési-
dence. Ingonde fut reçue par son aïeule
avec de grands transports de joie. Mais la

---

(1) « Après l'extinction de la famille royale des Visi-
» goths, leur monarchie, qui jusqu'alors avoit été comme
» héréditaire, devint dans la suite élective. Amalaric,
» dernier roi de cette race, qui fut défait par Childe-
» bert, périt en 531. Le premier qui monta sur le trône
» par le choix des grands, fut Heudis. »
Hist. Univ. L. XXII. *Hist. d'Esp.* Ch. 1.
S. 1. p. 16.

(5)

religion les eut bientôt divisées. La reine
étoit aussi passionnée pour l'Arianisme,
que la jeune princesse étoit catholique zélée.
Après avoir essayé inutilement la douceur
et les caresses pour lui inspirer ses sentimens, et l'engager à recevoir un second
baptême, suivant la pratique des Ariens de
ce temps-là, Gosuinte passa des menaces à
des excès incroyables. Dans un transport de
fureur, elle renverse par terre la jeune princesse, la traîne par les cheveux, la frappe
long-temps à coups de pied, et après l'avoir
mise en sang, elle la fait dépouiller et jeter
dans une pièce d'eau pour la rebaptiser par
force (1). Gregoire de Tours assure qu'elle
mourut des suites de ces mauvais traite-
mens (2). Gontran ne les pardonna jamais
à la cour d'Espagne ; et nous voyons qu'il
lui fit la guerre toute sa vie, pour venger
sa nièce (3). On peut aisément imaginer

---

(1) Gr. Turon. *Hist. L. V. c.* 39. (2) *Id. Ibid.*
(3) Mezerai. *T.* 2. *p.* 440. Vit. S. Greg. M. *Lib. II.*
c. 2. n°. 4. *T. IV.* Oper. S. Greg. M. Avant Ingonde,
une autre princesse de France, Clotilde, fille de
Clovis II, mariée à Amalaric, qui voulut aussi l'engager
dans l'Arianisme, lui résista avec un grand courage.
Elle se plaignit aux rois ses frères des outrages et des
insultes qu'elle recevoit journellement de son mari et
de ses sujets. Elle envoya même à Childebert un mou-
choir teint de son sang. Ce prince attaqua Amalaric,
qui perdit la bataille et la vie.

l'impression que la barbarie d'une marâtre
dut faire sur un jeune prince qui aimoit
tendrement son épouse. Dès le commencement de leur mariage, Ingonde avoit su
prendre tant d'empire sur son cœur, qu'elle
l'avoit déterminé, malgré toute sa répugnance, à recevoir les instructions de Saint
Léandre, évêque de Séville, et à embrasser
la religion catholique (1).

Une pareille démarche exposoit évidemment Hermenigilde au ressentiment de son
père et à la haîne implacable de Gosuinte,
encore plus fanatique que lui, et qui le
maîtrisoit. Déjà, à son instigation, le feu
de la persécution s'étoit rallumé (2). Tous
les évêques qui refusoient d'abjurer la foi,
étoient bannis, emprisonnés, ou périssoient
dans les supplices (3). Hermenigilde vit le
danger qui le menaçoit. Il ne pouvoit y
échapper qu'en se mettant en état de re-
pousser la force par la force, si on tentoit
de l'employer contre lui. Il étoit prince souverain, quoique sous la dépendance de son
père ; peut-être se persuada-t-il, qu'en

____

(1) Greg. Turon. *L. V. c.* 39. S. Gr. M. *III. Dial.*
c. 31.
(2) Greg. Turon. *Loc. Cit.*
(3) Isid. *Hist. Goth.* an. 607. Biclar.

armant, il ne faisoit qu'user légitimement de ses droits (1).

Leuvigilde, déjà aigri par la conversion de son fils, informé d'ailleurs de ses préparatifs hostiles, sachant qu'il avoit traité avec le roi des Suèves et le commandant des troupes impériales ; qu'il avoit même envoyé à Constantinople solliciter des secours de Tibère, vint tout-à-coup investir Séville avec une puissante armée. Hermenigilde, qu'il y tenoit étroitement assiégé depuis plus d'un an, désespérant de pouvoir faire une plus longue résistance, prit le parti d'en sortir secrettement. Il se renferma d'abord à Cordoue, d'où il fut bientôt contraint de se retirer à Osset. Cette dernière place fut prise et brûlée, et le prince n'évita de tomber entre les mains de son père, qu'en se réfugiant dans une église. Leuvigilde respecta cet asile. Il envoya Récarède, son second fils, offrir le pardon au vaincu, en lui promettant, avec serment, qu'il n'éprouveroit aucun mal s'il se soumettoit de bonne foi (2). Le roi se rendit lui-même dans cette église. Dès qu'Hermeni-

____

(1) Alban Butler. T. 3. p. 334.
(2) Greg. Turon. L. VI. c. 43.

gilde l'aperçoit, il se prosterne à ses pieds, et le conjure avec larmes d'oublier son crime. Leuvigilde, vivement ému, le relève aussitôt, l'embrasse avec tendresse, lui renouvelle l'assurance qu'il lui avoit fait donner par son frère, et l'emmene avec lui dans le camp. Cependant à peine y sont-ils arrivés, que le roi fait signe aux gardes, qui se saisissent du jeune prince, le dépouillent des ornemens de la royauté, le chargent de fers, et le conduisent prisonnier à Valence (1).

Quelques historiens prétendent qu'étant venu à bout de s'évader, il leva de nouvelles troupes, et que trompé cette fois-ci par les Suèves, comme il l'avoit été précédemment par les impériaux, il échoua de même dans son entreprise. Cette circonstance, et quelques autres relatives à ces guerres, peuvent présenter plus ou moins de difficultés. Il suffit, pour notre objet, que tous les historiens, sans aucune exception, s'accordent dans la manière dont ils racontent la fin tragique d'Hermenigilde. Emprisonné d'abord à Séville, ensuite transféré secrettement à Tarragone, puis enfin ramené à

______

(1) Greg. Turon. L. VI. c. 43.

Séville, il y fut renfermé dans une tour. Là on le presse, on le sollicite vivement de renoncer à la foi orthodoxe. Les promesses les plus flatteuses n'ayant pu le séduire, on crut l'intimider par des menaces ; et dans l'espoir de triompher de sa constance, on le plongea dans un affreux cachot, où il fut tourmenté de la manière la plus inhumaine. Il demeura toujours inébranlable. Enfin, la fête de Pâques étant arrivée, Leuvigilde chargea un évêque Arien d'aller trouver son fils, et de lui offrir de sa part de lui rendre ses bonnes grâces, pourvu qu'il consentît à recevoir la communion des mains de ce prélat. Hermenigilde rejeta cette proposition avec horreur. A peine le roi en fut-il informé, qu'il envoya des officiers à la prison, avec ordre de le mettre à mort : Sisbert, capitaine de ses gardes, lui fendit la tête d'un coup de hache, le samedi saint, qui tomboit le 13 Avril 586 (1).

Avant de rapporter la manière dont le nouvel historien d'Espagne raconte cet événement, il est bon de noter plusieurs omissions importantes dans la narration qui le précède.

____

(1) Greg. M. Dialog. III. c. 31. Bicl. Chron. an 586. Greg. Turon. L. viij. c. 29.

1°. On a vu qu'Hermenigilde, associé à la royauté, résidoit à Séville, capitale des provinces que son père lui avoit données à gouverner. M. Depping, sans parler d'une circonstance si remarquable, surtout dans un pays où la couronne étoit élective, nous dit simplement que « le jeune prince,
» qui *montroit de bonne heure de mau-*
» *vaises dispositions*, peu de temps après
» son mariage, avoit embrassé la religion
» catholique. Leuvigilde garda d'abord le
» *jeune couple* à sa cour ; mais bientôt la
» discorde qu'Hermenigilde et son épouse
» y semèrent, l'obligèrent à les éloigner et
» à leur assigner Séville pour séjour. Il leur
» donna une cour brillante, et ne leur re-
» fusa rien de ce qui pouvoit adoucir la
» rigueur de cette mesure. Hermenigilde
» répondit d'une manière ingrate à *ces*
» *attentions.* » (1)

2°. M. Depping, qui avance sans preuves qu'Hermenigilde avoit montré dès l'enfance des inclinations perverses, ne dit pas un mot des cruautés de Gosuinte envers sa petite-fille, quoiqu'il soit certain qu'elles portèrent le jeune prince à lever l'étendard de la ré-

____

(1) T. 2. L. V. p. 235.

volte (1). Il est vrai que les fureurs de cette mère dénaturée, si elles ne justifient point entièrement la conduite d'Hermenigilde, atténuent du moins la grièveté de son crime. Ce n'est plus un faux zèle de religion qui l'égare ; c'est un sentiment naturel de vengeance et le soin de sa propre conservation. Hermenigilde en paroît moins coupable, et ce n'est pas l'intention de l'auteur. Cette Gosuinte, que l'on cherche inutilement dans la nouvelle Histoire d'Espagne, méritoit pourtant assez d'y figurer. Ses contemporains attribuent à ses perfides suggestions la plupart des attrocités qui ternirent l'éclat des grandes qualités de Leuvigilde, telles que la persécution contre les catholiques, et la mort d'Hermenigilde (2). On la vit depuis ourdir des conspirations contre Récarède.

3°. M. Depping trouve que l'emprisonnement d'Hermenigilde après sa première défaite, *étoit une peine trop douce pour un fils aussi coupable.* Cette réflexion, qui n'est ni chrétienne ni libérale, prépare le lecteur à l'horrible scène que M. Depping retrace avec une brièveté et un sang-froid

---

(1) Script. Hisp. apd Mabill. ann. Bened. L. vij. n°. 8.

(2) Instigante imprimis Goisuinthâ. Greg. Turon. L. V. c. 39. et Mabill. Loc. Sup. Cit.

qui étonnent. « Irrité de ce comble de per-
» versité et de trahison , le roi poursuivit
» rigoureusement son fils depuis Merida jus-
» qu'à Tarragone. Hermenigilde voulut se
» sauver en France ; mais la vengeance divine
» le livra au pouvoir de son père, qui le jeta
» dans une prison , *et l'y fit exécuter.* » (1)

Vous ne voyez point ici l'évêque Arien
qui propose au captif de recevoir la communion de sa main, et lui promet, qu'à ce
prix , il rentrera en grâce avec son père.
C'eût été en effet découvrir la véritable
cause de sa mort ; et le système de l'écrivain en auroit trop souffert. Il a mieux
aimé montrer Hermenigilde toujours rébelle, toujours incorrigible, pris en flagrant
délit. Sa mort n'est plus qu'un acte de justice , la peine méritée de son ingratitude
et de sa félonie, et une rigueur commandée
par l'intérêt suprême de l'état. Il faut pourtant le dire, si les circonstances rapportées
par les auteurs contemporains , n'entrent
point dans le texte de l'histoire, M. Depping
ne les a pas entièrement omises. Il a cru
faire un tour d'adresse , en les jetant à la
dérobée dans la petite note que voici : « Les

____

(1) P. 237.

» écrivains du temps disent qu'Hermeni-
» gilde périt pour n'avoir pas voulu rece-
» voir la communion paschale des mains
» d'un évêque Arien , *comme s'il n'avoit*
» *pas été rébelle presque toute sa vie.* » (1)
Accordons à l'historien qu'il fut rébelle
presque toute sa vie (2) ; s'en suit-il donc
nécessairement que Leuvigilde ne put pas
vouloir ensuite le contraindre d'embrasser
l'arianisme ? Y a-t-il une telle incompatibi-
lité entre ces deux choses , que la vérité
du premier fait bien constatée , emporte
nécessairement la fausseté de l'autre ? Et
cependant c'est sur une supposition aussi
ridicule , qu'on donne lestement le démenti
à des contemporains ! Faut-il apprendre à
l'auteur d'*une savante histoire*, que le devoir de l'écrivain moderne est de raconter
fidèlement les faits tels que les contemporains nous les ont transmis , et qu'il doit
imposer silence à sa critique , à moins qu'il
n'ait à leur opposer des autorités aussi
graves. M. Depping auroit dû au moins
apprendre ces règles de M. Malte-Brun ,
qui les a plus d'une fois rappelées , qui les

____

(1) P. 237.

(2) Il régna à peine deux ans , et se révolta la première année de son mariage. Voilà ce que l'on appelle
presque toute sa vie.

(14)

étend même aux simples traditions histo-
riques, et qui s'en douteroit? pour appuyer,
contre M. Depping lui-même, l'apostolat
de S. Jacques en Espagne. « Quand une
» tradition anciennement et généralement
» reçue, dit le savant Danois, a pour elle
» les probabilités, l'histoire doit l'admet-
» tre. » (1) Or, il y a ici bien autre chose
que des probabilités. Vous avez des témoignages clairs, positifs, uniformes d'auteurs
contemporains. Comment se fait-il donc
que M. Malte-Brun, oubliant ses propres
principes, déclare au nom de l'histoire que
celui que les contemporains et une tradition généralement reçue depuis mille ans
reconnoissent pour martyr, n'est qu'un
citoyen criminel et un fanatique détestable.

Ce jugement laconique du savant Journaliste est le résumé du long plaidoyer de
son protégé, qu'il est bon de mettre sous
les yeux du lecteur. « Quand on songe,
» dit-il, que ce rébelle est vénéré en Es-
» pagne comme un martyr, et que les his-
» toriens Espagnols en font une innocente
» victime, on ne peut comprimer un mou-
» vement d'indignation. Quoi! une nation

____

(1) Journ. de l'Empire, 12 Mars 1812.

» entière fait l'apologie du crime , et ceux
» qui sont chargés du soin important de
» transmettre à la postérité les exemples du
» passé , osent lui présenter comme des
» modèles de vertu , des fils rébelles et des
» sujets traîtres à la patrie ! Est-ce parce
» qu'Hermenigilde étoit catholique et son
» père Arien , que le premier étoit autorisé
» aux attentats que nous lui avons vu com-
» mettre ? Supposons que le fils ait encouru
» la disgrâce de son père par son change-
» ment de religion , cette injustice don-
» noit-elle à celui-là le droit de provoquer
» une révolution dans l'état ? Certes ce n'est
» pas en mettant en combustion un royaume,
» ni en armant les sujets contre leur souve-
» rain , que se venge un bon fils des torts
» d'un père injuste : et rien ne prouve que
» Leuvigilde l'ait été. La conduite qu'il tint
» depuis les premiers troubles suscités par
» son fils jusqu'*à la mort de celui-ci, est sa*
» *meilleure justification* , et fait voir qu'il
» savoit concilier *ses devoirs de père* avec
» ceux de monarque. » (1).

M. Depping auroit pu réserver pour une
autre fois sa bile et son éloquence. Ne diroit-

____

(1) P. 238.

on pas que pour apprendre à condamner la rébellion et les rébelles , l'église catholique ait eu besoin des leçons des philosophes , et de céux qui, sans l'être , empruntent inconsidérément leur langage. Ces hommes, si versés dans toutes sortes de connoissances, ignorent-ils donc que la fidélité inviolable des sujets envers le souverain légitime , fût-il idolâtre , hérétique , persécuteur ou philosophe , est un dogme que l'église professe depuis son origine, et qui a eu ses martyrs ainsi que tous les autres. M. Malte-Brun sait mieux que personne que ce n'est point dans la communion Romaine qu'on a érigé en maxime que les peuples pouvoient faire la guerre à leurs rois pour défendre la religion. Ces Messieurs se seroient épargné la peine et la honte de leurs réflexions , s'ils avoient voulu jeter les yeux sur Gregoire de Tours , ou seulement sur Fleuri , qui traduit littéralement ces paroles remarquables : « Hermenigilde, en se révoltant, » ne savoit pas le jugement de Dieu qui le » menaçoit pour s'attaquer à son père , » *tout hérétique qu'il étoit* (1). Eh bien !

____

(1) Greg. Tur, L. VI. c. 43. Fleuri. Hist. Eccl. L. 34. c. 43.

Messieurs ,

Messieurs , c'est un saint évêque , fidèle organe de l'Eglise catholique, qui vous apprend de quel œil elle vit , dans le temps même , la rébellion du prince Visigoth ; et je vous défie de me citer un seul agiographe un peu estimé , qui en ait jamais fait l'apologie.

Vous écriviez, il est vrai, à une époque où il étoit du bon ton, de quelque profit peut-être , de se déchaîner contre l'Espagne , les Espagnols et leur clergé , et de les peindre tous comme des fanatiques. La philosophie est si désintéressée dans ses éloges et dans ses censures ! elle brave avec tant de fierté les tyrans ! *Novimus et qui te.*

Comment un écrivain , qui a des vues droites et des intentions honnêtes , a-t-il pu imputer à une nation toute entière , à un clergé illustre, et fécond en grands hommes, de faire l'apologie du crime et de sanctifier la rébellion ? Cette accusation, plus absurde encore , s'il est possible , qu'elle n'est odieuse, retomberoit sur l'Eglise catholique elle-même. Car ce n'est pas seulement en Espagne, c'est dans tout l'univers, que Saint Hermenigilde est honoré , comme martyr. Que M. Depping ouvre toutes nos histoires ecclésiastiques, toutes nos légendes, et surtout le martyrologe Romain. L'Eglise catho-

lique seroit donc convaincue, ou d'une cré-
dulité stupide et d'une grossière ignorance,
si elle avoit décerné le culte des saints à un
criminel, dont elle ne connoissoit pas la vie;
ou d'un monstrueux renversement de tous les
principes de la morale et de la religion, si
elle avoit offert, avec connoissance de cause,
comme un modèle de sainteté, à la vénéra-
tion des fidèles, un vil scélérat, qui outragea
jusqu'au dernier soupir, les lois de la nature, de la société et de l'évangile.

Quelques soient les opinions religieuses
de M. Malte-Brun, il croit fermement que
« *l'écrivain historique* est un juge qui doit
» entendre, confronter tous les témoins,
» écouter toutes les parties, rapporter et
» apprécier toutes les opinions » (1). L'Eglise
Romaine est-elle donc si peu de chose, au
tribunal d'un journaliste, qu'il ne daigne
pas, du moins, l'entendre dans la cause
d'un de ses martyrs.

Oui, Messieurs, l'Eglise catholique donne
ce titre glorieux à S. Hermenigilde ; et
puisque vous ne savez pas, ou que vous
affectez de n'en pas savoir la raison, je vais
vous l'apprendre. Ce n'est pas, comme il

____

(1) Journ. de l'Emp. 19 Avril 1812.

vous plaît de le supposer, parce qu'Hermenigilde étoit catholique, et que le roi contre lequel il se révolta étoit Arien. Grégoire de Tours a déjà confondu cette imposture : c'est uniquement parce qu'Hermenigilde, quelle qu'eût été sa conduite antérieure, souffrit persécution, et fut mis à mort pour la défense de la foi.

L'hérésie d'Arius attaque l'essence même du christianisme (1). Les vrais protestans sont d'accord avec nous sur ce point. Il n'en est aucun qui ne professe la consubstantialité du Verbe, et ne la regarde comme un dogme fondamental. Dites-moi donc, je vous prie, Messieurs, quel parti S. Hermenigilde devoit-il prendre, quand un évêque Arien lui offroit la communion ? S'il obéit à son père, il se révolte contre son Dieu ; il le renie, il l'abjure. S. Hermenigilde ne balança pas. Il ne manqua point aux devoirs de sujet, ni à la piété filiale, en demeurant fidèle à la piété chrétienne. Il garda scrupuleusement l'ordre qui classe et règle nos devoirs. Il faut obéir à Dieu plutôt qu'aux hommes ; on doit tout endurer, l'exil, la pauvreté, la prison et

____

(1) Voyez, à la fin, l'opinion d'un professeur de l'université de Paris, sur l'Arianisme, note (A).

le dernier supplice, plutôt que de trahir sa conscience et sa foi. La volonté des pères et des rois n'est plus rien, quand elle est contraire à la volonté de celui qui est le créateur et le père de tous les hommes, et le maître absolu des princes et des rois. Ne pouvant échapper à la mort, que par l'apostasie, S. Hermenigilde fit ce que tout chrétien, ce que chacun de nous doit être dans la disposition de faire, si nous étions soumis à la même épreuve. Il accomplit à la lettre le premier commandement de la loi. Or, dans quelle langue, si ce n'est dans celle des philosophes, a-t-on jamais qualifié de fanatique, l'homme fidèle au premier devoir de sa religion ? S. Hermenigilde n'est point allé au-delà. L'excès d'un zèle irréfléchi ne l'a point entraîné hors des bornes du précepte divin. Il est mort, parce que, pour conserver sa vie, il devoit cesser d'être chrétien. Quand des philosophes daignent s'abaisser jusqu'à s'occuper de nos martyrs, ils devroient au moins connoître l'Eglise catholique, étudier ses maximes et ses règles : il sverroient que le culte, qu'elle rend à S. Hermenigilde, n'en est que l'application et la conséquence. Celui qui est assez heureux pour être jugé digne de verser son sang pour la foi, mérite d'être compté parmi les martyrs (1). *Non pœna, sed causa, facit martyrem* (2). Or, c'est un fait, historiquement démontré, que le prince Espagnol fut inhumainement égorgé, par ordre de son père, parce qu'il refusa de renier Jésus-Christ.

Admirez le discernement et la bonne foi de nos critiques. Ils confondent, dans la vie de ce prince, deux époques très-distinctes, et deux événemens qui n'ont nulle liaison entre eux. Grâce à ce petit stratagême, ils vous présentent sans cesse le sujet révolté et le fils ingrat, et font peser sur sa tête, l'opprobre qu'il méritoit, sous ce rapport, sans vouloir faire attention que depuis, ce rébelle devint un autre homme, un chrétien parfait, un athlète invincible de la religion. Que le faux zèle lui ait mis deux fois, si l'on veut, les armes à la main ; qu'il ait soulevé les Visigoths et les nations voisines contre son père ; qu'il se soit souillé de mille autres forfaits, encore plus énormes, toujours est-il constant, que ce ne fut point en punition de ses révoltes.

---

(1) Benedict. XIV. de Canon. SS. Lib. 3. c. 5. §. 1. 2. 3. Allocut. Pii VI. de nece illata Ludovico XVI.

(2) D. August. Ep. 204. n°. 4.

ni de ses crimes , que son père le condamna
à perdre la vie. Son inviolable attachement
à la foi en fut la seule cause. Et l'on vient
nous dire d'un ton magistral, qu'il n'est aux
yeux de l'histoire , qu'un *citoyen criminel
et un détestable fanatique.* Cela peut être ,
si l'histoire est condamnée à ne voir plus
dorénavant que par les yeux des philosophes , et à n'être que l'écho de leurs décla-
mations. En attendant cette heureuse révolution , apprenons-leur que, sans être moins
sévère, l'histoire de l'Eglise est un juge plus
intègre. Si elle a des yeux pour voir les
erreurs et les crimes, elle en a aussi pour
voir le repentir qui les pleure , les grandes
vertus qui les reparent, et les sacrifices qui
les expient. Qui a appris à nos philosophes
la rébellion d'Hermenigilde contre son père?
qui a conservé à la postérité la connoissance
de son crime ? ne sont-ce pas des écrivains
ecclésiastiques? Ne sont-ce pas eux qui nous
ont dit que les malheurs de ce prince furent le
châtiment de la justice divine ? Mais l'histoire de l'Eglise s'arrête là , parce qu'elle
respecte la vérité , et qu'elle la trahiroit, si,
après nous avoir montré le fils rébelle , elle
ne nous apprenoit pas ce qu'il fit pour répa-
rer une si grande faute. Dégradé, chargé de

chaînes, précipité dans le fond d'un cachot, Hermenigilde s'humilie sous la main de Dieu qui le frappe ; il pleure amèrement ses erreurs, et, dussent nos philosophes en sourire de pitié, il se consacre aux exercices d'une austère pénitence ; il prend le cilice, et ajoute beaucoup de mortifications volontaires aux tourmens qu'on lui faisoit souffrir. Sans cesse il s'adressoit à Dieu, par de ferventes prières, afin d'obtenir le courage dont il avoit besoin dans les combats qu'il soutenoit pour la cause de la foi (1). Quel homme de bien, qu'elle âme honnête n'est pas soulagée, par le retour sincère d'un grand coupable aux sentimens de la vertu ! L'histoire peut-elle recueillir avec trop de soin des exemples si instructifs, et qui malheureusement sont si rares ? N'est-ce donc qu'au tribunal d'une philosophie libérale et tolérante, qu'il y a des crimes irrémissibles ? ou ne le deviennent-ils, que lorsque la religion les expie et les pardonne, et qu'ils sont effacés par le plus héroïque dévouement de la charité chrétienne ?

Sans doute c'est un horrible fanatisme de troubler un état, et de se révolter contre son roi, sous prétexte qu'il est hérétique ;

____

(1) S. Grég. M. III. Dial. c. 31. Alb. Butler.

mais égorger son propre fils , parce qu'il
refuse d'abjurer sa religion , n'est-ce pas
un fanatisme encore plus exécrable ? Nos
philosophes , qui reprochent , avec tant de
dureté, à S. Hermenigilde, un fanatisme qui
n'est nullement prouvé , et que d'ailleurs
il répara par la vivacité de son repentir ,
par sa résignation , sa patience , et par
l'effusion de son sang , ne voient dans l'é-
pouvantable fanatisme de son père , qu'un
acte de justice. Quoi donc ! quand il seroit
démontré que Leuvigilde ne pouvoit point
autrement sauver sa couronne et sa vie ;
ce sacrifice, quelque nécessaire qu'il fût,
feroit encore horreur à la nature. *Misera-*
bilis necessitas , a dit un père de l'Eglise ,
quæ solvitur parricidio (1). Leuvigilde ,
comme le remarquent les savans Anglais ,
« offre un mélange de bonnes et de mauvaises
» qualités. S'il fut extrêmement ambitieux ,
» plus avare encore , sevère et inflexible
» outre mesure, il étoit brave, économe ,
» équitable » (2). M. Depping s'efforce de
déguiser ses vices et sa cruauté ; il est
pourtant forcé de convenir qu'il *étendit*

---

(1) D. Ambros. Offici. Lib. III. c. 12.
(2) Hist. Univers. Hist. Mod. T. XXX.

la persécution sur les évêques, les plus attachés à la religion (1). Quant au pillage des églises et des monastères, que S. Isidore et Grégoire de Tours lui reprochent, » peut-être, remarque charitablement l'his- » torien, est-ce une *calomnie*, fondée sur la » haîne *qu'on lui attribue*, contre le catho- » licisme »(2). Ce *qu'on lui attribue* n'est-il pas admirable ?

En résumant cette discussion, il est facile de voir qu'elle se réduit à deux points infiniment simples. 1°. Hermenigilde fut-il puni pour fait de rébellion ? Les auteurs du temps attestent unanimement que son père la lui avoit pardonnée, et qu'il ne le fit mourir, que parce qu'il refusa d'embrasser l'Aria-nisme. 2°. Reste la seconde question : Her-menigilde devoit-il obéir à l'ordre impie de son père ? Cette question est résolue pour nous par le précepte exprès de Jésus-Christ, par l'exemple des apôtres et de tous les mar-tyrs. Hermenigilde, en marchant sur leurs traces, en partageant leurs combats, devoit donc partager leur couronne. L'église, qui

---

(1) P. 241. Il dit aussi , p. 258, que Jean, Abbé de Biclar, *fut enveloppé dans la persécution suscitée par Leuvigilde contre les catholiques.*

(2) *Ibid.*

a inscrit son nom dans ses fastes , qui le propose aux fidèles comme un modèle qu'ils doivent imiter ; qui le leur montre comme un intercesseur auprès de Dieu qu'ils peuvent invoquer, n'a fait à son égard, que ce qu'elle a pratiqué dès le commencement. Est-ce donc sa révolte qu'elle honore , et sa félonie qu'elle canonise ? En vérité, j'ai honte , pour les philosophes , d'être obligé de répondre à cette impertinente calomnie. Sont-ils assez bornés pour se méprendre sur le véritable objet de ce culte ; ou assez étrangers à l'histoire de l'Eglise , pour ignorer qu'elle compte , parmi ses martyrs , des hommes qui , transformés tout-à-coup, par un miracle de la grâce, en défenseurs intrépides de la foi qu'ils persécutoient , ne mirent quelquefois entre les désordres les plus honteux, et leur sainte mort , que l'intervalle , souvent très-court, de leur confession et de leur supplice ? N'invoquons-nous pas S. Boniface et S. Genès ? Personne néanmoins n'a poussé le délire et l'impudence , jusqu'à accuser l'Eglise de consacrer l'infâme métier de comédien , et d'ériger des autels au libertinage. Jésus-Christ mourant , promit à un des malfaiteurs crucifié à ses côtés, qu'il seroit le soir même avec lui dans le Royaume céleste (1): et ce malfaiteur, justement condamné par les lois humaines, mérita cette magnifique récompense, par un simple acte de foi. Guidée par l'esprit de son divin époux, et fondée sur l'infaillible autorité des écritures, l'Eglise croit que Dieu admet aussitôt en partage de sa gloire ceux *qui ont souffert la mort pour sa parole, et pour la confession qu'ils ont faite de son nom, dans laquelle ils sont demeurés jusqu'à la fin* (2), et qu'ils lui offrent nuit et jour les vœux et les prières des vivans. Le culte et l'invocation des Saints sont donc conformes aux plus purs principes de la piété chretienne (3). Toutefois l'Eglise, qui les vénère comme les amis de Dieu, et nos protecteurs auprès de lui, n'a jamais prétendu qu'ils n'eussent point été sujets aux foiblesses humaines, et que toute leur vie fût sans tache. Loin de dissimuler leurs fautes, elle a au contraire grand soin de nous les rappeler, tant pour nous convaincre de notre misère, que pour nous faire connoître le pouvoir admirable de la grâce, et l'excellence de la charité,

---

(1) Luc. XXIII. 43. (1) Apocalips. VI. 9.
(3) Conc. Trid. Sess. XXV. *De Inv. SS.*

qui couvre la multitude des péchés. S. Cyprien erra touchant le baptême des hérétiques : mais la faulx de la persécution , dit S. Augustin , retrancha ce qu'il y avoit de défectueux dans cette vigne féconde (1). Appliquez cette réflexion à tous les Saints. Les uns ont été purifiés de toutes leurs souillures , comme S. Cyprien, par un martyre sanglant : les autres par le martyre volontaire de la pénitence , par la pratique laborieuse des plus hautes vertus et des conseils évangéliques. Leurs erreurs, leurs fautes , quelque grandes qu'elles soient , ont été couvertes et effacées par la vivacité de leur foi, par l'ardeur de leur charité , et par la surabondance des dons de Dieu. L'Eglise ne loue et n'honore dans les Saints que les vertus qui les ont sanctifiés, et qui leur ont mérité la gloire des élus. C'est donc se jouer du public, et insulter gratuitement l'Eglise catholique, que d'oser dire qu'elle a placé parmi ses martyrs, un sujet rébelle et un fanatique. Le farouche Leuvigilde lui-même a condamné ces téméraires détracteurs. L'approche des jugemens de Dieu dessilla les yeux de ce malheureux père.

____

(1) Ep. 93. ad Vincent. n°. 40.

Il eut horreur d'avoir trempé ses mains dans le sang de son fils. Réduit à l'extrémité, et cherchant à appaiser ses remords et la colère divine, il fit venir S. Léandre qu'il avoit tant persécuté. Il lui recommanda Récarède qui devoit lui succéder, en le priant de faire *pour lui, ce qu'il avoit fait pour son frère ;* c'est-à-dire, de le rendre catholique (1). Il se convertit lui-même, au rapport de plusieurs historiens (2). Des considérations politiques empêchèrent seules qu'il ne déclarât publiquement sa conversion. Quoiqu'il en soit de cette dernière circonstance, il ne pouvoit pas rendre un hommage plus éclatant à l'innocence d'Hermenigilde, et nous découvrir plus clairement la cause de sa mort. Récarède fut fidèle aux dernières volontés de son père : il écouta les leçons de S. Léandre, et eut la gloire de ramener les Visigoths au sein de l'Eglise.

Qui pourroit ne pas adorer les voies ineffables de cette providence, qui lâche la bride aux méchans, pour confondre leurs vains projets, et les faire servir à

____

(1) S. Greg. M. IV. Dial. c. 31. Fleuri. Loc. Sup. cit.
(2) Greg. Turon. L. VIII. C. ultim. Jo. Biclar.

la gloire et à l'accroissement de l'Eglise.
Ici le crime de la rébellion est puni, dans
ce monde, mais par un autre crime, qui
tourne à l'avantage de la victime et du
persécuteur. Il procure au premier le salut
éternel, avec la palme du martyre. Il laisse
dans l'âme du second un ver rongeur, qui
le force à se condamner lui-même, et à
rendre hommage à la vérité. Un père,
aveuglé par le fanatisme, espère assouvir
sa rage, et éteindre dans le sang de son
fils une religion qu'il abhorre, et le cri
de sa conscience le contraint d'ordonner
à son autre fils d'embrasser cette même
religion. Le supplice de l'héritier présomptif
de la couronne, ce grand coup d'état,
que les politiques d'alors regardoient sûrement comme un coup décisif, porté au ca-
tholicisme, est précisément ce qui abat et
anéantit pour toujours l'hérésie dans toutes
les Espagnes, et y fera régner à jamais la
foi catholique.

M. Depping n'est point effrayé de cette
rétractation solemnelle de Leuvigilde. « Cette
» anecdote, dit-il, rapportée par Saint
» Grégoire-le-Grand, est *une invention*
» *absurde*, ou il faut que le souvenir des
» grands événemens qui avoient troublé la

(3i)

» vie de Leuvigilde , ait été entièrement
» effacé alors *dans* la mémoire du vieux roi,
» ce qui n'est nullement probable » (1).
Voilà ce que depuis le véridique et impartial
Voltaire, on nomme la philosophie de l'histoire , et , ce qu'on ne sauroit trop remarquer , dans l'histoire de la philosophie.

Vous vous persuaderez sans peine que
celui qui traite si cavalièrement S. Grégoire-le-Grand , n'est pas fort respectueux
envers un de ses intimes amis , *l'evêque
nommé Léandre , que les Espagnols ont mis
au rang des saints* (2). C'étoit, à l'en croire ,
un homme « d'un caractère impétueux et
» dévoré d'ambition , *un traître , un perfide*
« qui étouffa tout scrupule dans le cœur
» d'Hermenigilde, et lui mit les armes à la
» main contre l'auteur de ses jours (3). S'il
» fut exilé , le roi n'exerça par cette mesure
» qu'*un acte de clémence envers lui.* En
» effet , puisqu'Hermenigilde , dans les
» bonnes grâces duquel il s'étoit insinué ,
» méritoit la mort par sa rébellion , l'évêque
» qui l'avoit guidé dans ses entreprises cou-
» pables *provoquoit la même sentence* » (4).
C'est un sévère justicier que notre histo-

____

(1) P. 25o. (2) P. 235. (3) P. 236. (4) P. 25o.

rien. Il supplée de son mieux à la molesse de Leuvigilde ; et s'il ne peut pas envoyer S. Léandre à l'échafaud , il s'en venge du moins sur sa mémoire (1).

L'occasion d'attaquer toute l'Eglise d'Espagne , étoit trop belle ; il ne la laisse pas échapper. Il va nous prouver que le clergé fut la cause de toutes les calamités qui désolèrent le royaume des Visigoths , depuis sa fondation jusqu'à sa ruine. Dans le beau zèle qui le transporte , notre auteur ne s'embarrasse pas plus de dénaturer les faits et de confondre les temps , que de se contredire lui-même. Il nous dit d'abord « que » le gouvernement des Goths étoit une mo- » narchie tempérée , où l'autorité du prince » étoit considérablement modérée par la » noblesse et le clergé. »

Le royaume des Visigoths subsista pendant

______

(1) S. Isidore de Séville dit que « S. Léandre , son » frère , écrivit beaucoup de *lettres éloquentes , mais* » *remplies de raisonnemens subtils.* » C'est ainsi que M. Depping traduit ce passage : « Plurimas promulgavit » *familiares epistolas , etsi , non satis splendidis ver-* » *bis , acutas tamen sententiis.* » Ce qui veut dire que les lettres de S. Léandre , quoiqu'écrites d'un style négligé , n'en sont pas moins remarquables par les pensées. Il est beaucoup plus piquant d'en faire un sophiste plein de subtilité , au risque d'être taxé d'un énorme contre sens.

trois

troïs cents ans; il finit en 714. L'auteur nous dit que Récarède montra le premier une sorte de crainte religieuse pour les évêques, et Récarède monta sur le trône en 587. Ainsi, jusqu'alors, c'est-à-dire, pendant deux siècles, les évêques n'exercèrent aucune influence sur les destinéés de l'état. » Malheureusement, poursuit M. Depping, » le clergé se crut autorisé à gouverner le » roi et à faire une constitution sur des » *principes ecclésiastiques*, et c'est ce qui » fut une des causes de la chûte du royaume. » *Il établit la royauté élective*, et la déclara » dépendante de la volonté des nobles et » des évêques. » L'historien place cette innovation sous le roi Sisénand. Effectivement on vit alors, pour la première fois, les évêques prendre part à l'administration temporelle, et figurer dans les assemblées de la nation. Mais en vérité on a peine à en croire ses yeux, lorsqu'on lit que ce fut le clergé qui rendit alors la couronne élective, et qu'il fit une constitution sur des principes ecclésiastiques. L'auteur cite lui-même ce passage si connu de Grégoire de Tours : *Les Goths ont l'horrible coutume de massacrer le roi qui leur déplaît, et d'en mettre un autre à sa place.* Il remarque que sur

(34)

trente-deux rois , *près de la moitié périt d'une mort violente , et que presque tous urent élus au milieu des armes* (1). Jamais le clergé ne changea la constitution, ni sous le roi Sisénand , ni à une autre époque. Après la conversion de Récarède, il laissa, comme il le devoit , les choses sur le pied où elles étoient.

« Cependant , assure toujours M. Dep-
» ping , le clergé, par cette constitution pu-
» bliée sous Sisénand , ouvrit la barrière à
» l'ambition et à l'anarchie » (2). Le royaume des Visigoths avoit été si tranquille aupa-ravant ! « Le clergé n'entendoit rien à la
» politique ; ne connoissant malheureuse-
» ment d'autre modèle que le gouvernement
» ecclésiastique , il s'imagina sans doute
» qu'un état politique pouvoit étre organisé
» comme un diocèse » (3). Ou aparemment l'autorité de l'évêque est *considérablement modérée par le clergé et la noblesse,* ainsi que la puissance du Roi l'étoit parmi les Goths.

« Le clergé, même avec les intentions les
» plus pures , entretenoit la source des
» troubles, au lieu de les arrêter (4). » Et voici comment : » Une de ses premières

____

(1) P. 370. (2) P. 406. (3) *Ibid.* (4) *Ibid.*

» demarches fut d'ordonner, au nom de
» Dieu, obéissance au roi, et d'anathéma-
» tiser les rébelles... Sous Suintila, voyant
» que ses lois n'avoient pu prévenir les
» troubles, le clergé crut qu'il suffiroit d'en
» ajouter de nouvelles... Il ordonna que
» celui qui, mécontent de l'élection du roi,
» lui refuseroit obéissance, fût banni. Il
» régla que, pour solliciter la royauté, il
» falloit avoir la sagesse nécessaire, et être
» de l'ancienne noblesse des Goths... Quel-
» ques années après il fallut que le clergé
» défendît de songer à une nouvelle élec-
» tion durant la vie du roi » (1). N'est-il
pas évident que c'est fomenter les troubles,
que de frapper d'anathême ceux qui déso-
béissent aux rois, et conspirent contre leur
vie et leur autorité. M. Depping achevera
de vous convaincre que le clergé étoit coupable des dissensions et des guerres, aux-
quelles l'élection des rois donnoit lieu,
« car, dit-il, le peuple se déclaroit pour
» celui qui demeuroit maître du champ de
» bataille, et le clergé, auquel le parti des
» factieux imposoit, *faisoit comme le peu-*
» *ple* » (2). Ce qui démontre combien il

---

(1) P. 406. (2) P. 408.

étoit puissant, et qu'il disposoit à son gré de la couronne. « Cependant, continue l'his-
» torien, le clergé intriguoit et cherchoit
» à attirer l'élection à lui. C'est ainsi que
» long-temps auparavant il avoit fait choix
» d'un bâtard, nommé Liuva, pour roi,
» quoiqu'il eût des frères légitimes » (1).
Cela est précis. Heureusement, pour l'honneur du clergé, M. Depping a dit, p. 258, *que les provinces élevèrent Liuva au trône.* Ce Lieuva, qui fut élu par les provinces, étoit fils de Récarède I. La couronne étoit donc élective, avant la prétendue constitution faite par le clergé, sous Sisénand.

« Vamba ne perdit le trône que par la
» trahison d'Ervige, qui eut l'adresse d'in-
» téresser en sa faveur, le clergé, en sorte
» que les évêques devinrent les complices
» de l'injustice de cet ambitieux » (2). Voilà encore le clergé tout entier, et tous les évêques, impliqués dans une conspiration. Les protestans Anglais, dont l'ouvrage n'a pas été inutile à M. Depping, quoiqu'il n'ait point imité leur modération et leur impartialité, vont disculper, non point le clergé et les évêques, mais l'archevêque

____

(1) P. 408. (2) P. 409.

(37)

de Tolède, le seul qui paroisse dans cette
affaire, et qui seroit le seul coupable, si
l'accusation de M. Depping étoit fondée.
« Ervige, disent ces historiens, impatient
» de régner, et voyant que Vamba, malgré
» son grand âge, jouissoit d'une santé
» vigoureuse, lui fit prendre un breuvage
» qui le jeta dans le délire, et lui causa
» de tels accidens, qu'on le crut près de
» sa fin. Julien, métropolitain de Tolède,
» servit d'instrument à la déposition du roi,
» *sans avoir la moindre connoissance du*
» *complot.* Après lui avoir administré les
» derniers sacremens, le prélat voyant ce
» prince sans connoissance et sans voix,
» consentit à le faire raser et à le mettre en
» habit de pénitent, ne croyant pas qu'il
» dût en revenir. » Les savans Anglais citent
les anciennes chroniques d'Espagne. *Juli.*
chron. Alphons. Magn. chron. Luc. Tud.
Roderic. Tolet. Isid. Pacens. (1). Remar-
quez, je vous prie, que Julien, archevêque
de Tolède, que notre auteur rend complice
des perfides manœuvres d'Ervige, étoit un
des plus grands prélats de son temps, aussi

______

(1) Hist. Univers. Tom. XXX. de l'Hist. Moderne.
p. 112. et note XLI. p. 574.

recommandable par sa sainteté que par ses lumières. Enfin, ne croyez plus que les folies, les cruautés et les débauches de Vitiza; que la molesse et le luxe, précurseur de la décadence des états et de l'esclavage des peuples; que la révolte de Rodrigue, et l'animosité des partis, qui déchiroient l'Espagne, en facilitèrent la conquête aux Sarrasins, excités par le perfide comte Julien. Point du tout; « ce fut sous » Rodrigue, dit M. Depping, que les fu- » nestes effets du gouvernement ecclésias- » tique parurent tout à fait, et *renversèrent* » *à la fois le trône et les autels* » (1).

> Vraiment on ne s'attendoit guère
> A voir l'Eglise en cette affaire.

Un écrivain qui se montre si peu instruit et si passionné, doit nécessairement être tombé dans beaucoup d'autres erreurs. Nous nous bornerons à en noter quelques-unes. L'auteur, qui n'est pas éloigné d'adopter l'opinion calomnieuse de Zozime, touchant le motif de la conversion du grand Constantin (2), nous dit que l'Arianisme prit naissance en *Asie;* que Constantin en-

____

(1) Pag. 409. (2) P. 155.

voya Osius en *Asie*, pour étouffer cette erreur ; qu'Osius vint en *Asie*, et tint un concile à Alexandrie (1). La chûte de ce grand homme est célèbre dans l'histoire de l'Eglise. M. Depping, qui prend sa défense, avoue néanmoins qu'*il fut forcé de se relâcher de son aversion contre l'Arianisme* (2). Et sans nous expliquer clairement ce que cela signifie, il accuse S. Hilaire de « s'en » être laissé imposer par les ennemis d'Osius, » parce qu'il n'est pas probable qu'*on de-* » *vienne tout à coup lâche et timide, dans* » *la cent-unième année de sa vie.* Peu im- » porte, ajoute-t-il, que la signature d'Osius » se soit trouvée ou non, au bas de la for- » mule de Sirmich, il suffit d'avoir appris » qu'il a combattu les hérésies pendant une » génération entière » (3). N'en déplaise à notre historien, cela ne suffit point, pour éclaircir la question dont il s'agit. La for-mule de Sirmich étoit évidemment héré-tique. Si l'évêque de Cordoue, nommé le père des conciles, et qui jusqu'alors avoit été une des colonnes de la vérité, souscrivit à cette formule, S. Hilaire, et les autres défenseurs de la foi, devoient signaler cette

_____

(1) P. 155. (2) P. 165. (3) P. 166.

(40)

défection déplorable, qui pouvoit entraîner les peuples dans l'erreur. S. Hilaire n'a pu être trompé par les ennemis d'Osius, qu'autant que celui-ci resta toujours fidèle à la foi de Nicée, ce qu'il falloit prouver autrement que par l'invraisemblance de la foiblesse d'un vieillard, âgé de cent-un ans.

Suivant M. Depping, « on *dressa un symbole de foi*, au concile de Sardique, » plus nombreux que celui de Nicée » (1). Il est bien vrai, dit M. de Tillemont, que quelques personnes en firent la proposition. Elles eurent même la hardiesse d'y travailler. Mais le concile le trouva fort mauvais, et déclara qu'il ne falloit plus rien écrire sur la foi, mais se contenter du symbole de Nicée. Cela n'empêcha pas néanmoins qu'on ne fît courir, peu de temps après, un symbole de foi, attribué au concile de Sardique. Mais S. Athanase, et les autres évêques assemblés au concile d'Alexandrie, l'an 362, déclarèrent que cet écrit étoit supposé, et défendirent de le lire et de s'en servir jamais. S. Eusèbe de Verceil, en signant ce concile, fit un article exprès pour rejeter cet écrit (2).

____

(1) P. 158. (2) Tillem. S. Athan. art. 47. T. 8. p. 103.

D'après ces remarques faites rapidement sur quelques pages de l'Histoire d'Espagne, on peut aisément apprécier l'érudition de l'auteur, et la sagacité de sa critique. Il annonce dans sa préface, et il prouve dans plusieurs endroits de son ouvrage, qu'il est ennemi de la philosophie moderne. Je crois son attachement à l'Eglise très-sincère, et je me persuade que, si cet écrit lui tombe entre les mains, il aura assez de candeur pour avouer qu'il a entrepris une tâche au-dessus de ses forces, et qu'il se repentira d'avoir parlé des martyrs, des papes, des plus saints évêques, et des conciles, avec le ton de hauteur et de mépris, qui contraste, d'une manière si choquante, avec les principes qu'il annonce. On conçoit que les éloges d'un journaliste célèbre ont pu lui faire illusion. M. Malte-Brun est géographe, philologue, critique, poète même, dans de grandes occasions. Il possède les langues anciennes et modernes, et manie fort bien la nôtre. Personne ne conteste l'étendue et la variété de ses connoissances, et personne n'honore plus que moi son savoir et ses talens. Cependant il doit convenir qu'il a eu une forte distraction, ou une excessive complaisance, quand il a vanté , comme une savante histoire, et un ouvrage achevé , une compilation informe , qui , indépendamment d'erreurs nombreuses sur les faits , est écrite d'un style lourd , diffus , et incorrect (1).

Je dois le dire franchement à l'infatigable journaliste. Les sciences , l'histoire profane , et toutes les branches de la littérature offrent un champ assez vaste à son génie , et à sa critique. Qu'il daigne donc s'y renfermer, et qu'il ne se permette jamais de toucher aux matières qui ont trait, de loin ou de près , à la religion chrétienne , à l'Eglise catholique, à ses lois et à ses usages. Il s'est interdit lui-même le droit d'en connoître. Qui pourroit oublier, qu'en parlant de la manière dont l'Amérique, et les autres parties du globe , ont été peuplées , il n'a pas craint de publier que « son opinion » consiste à considérer toutes les grandes » races humaines , comme originaires des » pays qu'elles habitent ; et que ces grandes » races humaines sont sorties de terre , » comme les plantes et les animaux » (2).

____

(1) Voyez , à la fin , la note II , sur les nouveaux abrégés d'histoire , tant vantés par les journalistes.

(2) Journal de l'Emp. 1813. Art. I. sur les voyages de M. de Humbolt.

Il ajoute « que l'unité de l'espèce humaine
» n'est qu'une hypothèse , appuyée , il est
» vrai, sur toutes les analogies anatomiques
» et ostéologiques ; mais qui n'est point un
» fait démontré par l'histoire. » Et la-Ge-
nèse , lui direz-vous ? « La Genèse , vous
» répondra M. Malte-Brun , est un livre
» écrit dans le style poétique des Orien-
» taux , qui est dénué de chronologie , et
» a un autre but que de nous apprendre
» l'histoire. » A la bonne heure ; mais s'il
en est ainsi, pourquoi donc employez-vous
son autorité , pour *faire sentir combien
l'histoire est rétrécie , dans le systéme des
Grecs et des Romains.* Ce n'est pas tout :
M. Cuvier ayant dit « que si les Egyptiens
» avoient eu jadis la prétention d'être si
» anciens, Moïse, qui avoit vécu parmi eux,
» n'auroit pas osé donner au genre humain ,
» une origine si récente » ; M. Malte-Brun
adopte cette remarque, et il ajoute, qu'elle
est décisive, et *neuve.* Pour décisive, il n'y
a aucun doute : pour *neuve ,* elle l'est sûrement pour M. Malte-Brun , puisqu'il le dit :
ce qui prouve qu'il n'a jamais jeté les yeux
sur le moindre traité élémentaire de la religion. S'il a de la répugnance pour nos auteurs , il auroit pu voir cette réflexion dans

Jacquelot (1). Faut-il qu'un esprit ; aussi avide de savoir , qu'un littérateur , qui a tant lu , ait précisément dédaigné les ouvrages qu'il importoit le plus de lire. Si une simple remarque de M. Cuvier , l'a tant frappé, auroit-il pu résister à cet enchaînement de preuves et de raisonnemens invincibles qui établissent la vérité du christianisme. Quelques pages de Pascal , et du discours sur l'histoire universelle , auroient suffi pour dissiper tous ses doutes , et lui faire avouer que *les difficultés qu'on forme contre l'écriture , sont aisées à vaincre par les hommes de bon sens et de bonne foi* (2). Nous en sommes donc réduits , au dix-neuvième siècle , au sein de l'Europe chrétienne, à demander à nos philosophes, ce que Tertullien demandoit de son temps, aux philosophes du paganisme : qu'ils prennent la peine de connoître ce qu'ils blasphêment, et d'étudier la religion qu'ils combattent. Elle n'a rien à redouter, que leurs préjugés et leur ignorance. *Hoc unum veremur, ne ignorata damnetur.* (3). Je ne doute pas qu'une certaine classe de lecteurs

---

(1) Exist. de Dieu. Dissert. c. 20.
(2) Disc. sur l'Hist. Univers. 2. Part. c. 28.
(3) Tertul. Apolog.

n'ait trouvé aussi neuves que décisives, les assertions de M. Malte-Brun sur la Genèse, et sur les grandes races humaines qui, à sa voix, sortent de terre, comme les plantes et les animaux (1). Qu'il jouisse à son aise de leur admiration, et de leur reconnoissance : mais qu'il laisse à d'autres le soin de délivrer des certificats de ferveur et d'orthodoxie aux catholiques, et de discuter le mérite et les qualités de nos martyrs. Il est bien tard de venir, au bout de mille ans, s'inscrire en faux, contre des témoins irréprochables et contemporains, et prétendre casser le jugement de l'Eglise.

Si l'on veut se rappeler ce que nous avons dit plus haut, on se convaincra que ce n'est pas sans dessein, que S. M. le Roi Ferdinand a choisi S. Hermenigilde, entre tant de saints personnages, qui ont illustré l'Espagne, pour lui consacrer son ordre militaire. L'extinction de l'hérésie Arienne, la conversion de la famille royale et de

____

(1) Paracelse, qui étoit aussi un grand philosophe, supposoit un premier homme, créé dans chaque continent. Un siècle de lumières ne pouvoit pas se contenter d'une conception si mesquine. Il voit plus en grand. La puissance de son génie lui a révélé celle de la nature. Qu'est-ce que la Bible, en comparaison de la géologie, de l'anatomie et de l'ostéologie?

tous les Visigoths , l'unité de croyance ,
établie , sans efforts , parmi les peuples ,
furent , au jugement de Saint Grégoire-le-
Grand , le fruit de la mort généreuse et
des mérites du bienheureux Martyr (1). Il
étoit donc digne de la piété du Roi , de
ranimer celle de ses sujets envers l'intrépide
défenseur de la divinité de Jésus-Christ ,
auquel l'Espagne doit rapporter tous les
avantages spirituels dont elle jouit encore.
Le trophée érigé à S. Hermenigilde , de-
viendra le trophée de la religion et de la
sagesse de Ferdinand. Certes , c'est un
beau modèle à proposer aux armées et
aux peuples , qu'un jeune prince, d'abord
égaré par l'ambition et la vengeance , au
point de se révolter contre son père , mais
qui bientôt , docile à la voix du ciel , fait
éclater son repentir , se punit lui-même
de ses égaremens , et , sourd à toutes les
sollicitations , et inaccessible à la crainte ,
dédaigne de racheter sa vie , en renonçant
à la foi , ou en la dissimulant , par une
lâche hypocrisie. La légitimité n'est point
un vain mot ; les sermens de fidélité ne
sont point des parjures , dans un pays , où

____

(1) S. Greg. M. IV. Dialog. c. 31.

les soldats et les peuples sont convaincus
que leur premier devoir est de mourir pour
Dieu. Telle est la grande verité que le Roi
d'Espagne se plaît à proclamer, à la face
de l'univers, en instituant l'ordre de Saint
Hermenigilde : il prouve par-là qu'il est
vraiment Roi catholique ; qu'il sait de qui
il tient sa puissance, et l'usage qu'il en doit
faire ; que c'est par la religion, et pour la
religion, qu'il veut régner ; parce que c'est
elle seule qui l'a replacé sur son trône, et
qu'elle seule lui offre une solide garantie
de l'affection et de l'obéissance de ses sujets. L'image de S. Hermenigilde, devenue
la récompense de la valeur, rappelera con-
tinuellement aux Espagnols, l'obligation où
les chrétiens sont, avant tout, de professer
hautement l'évangile, sans calculer les
dangers, et sans redouter les menaces des
tyrans. Ils étoient animés de ces nobles
sentimens, ces hommes intrépides, qui,
du milieu des ruines fumantes de leur patrie, s'écrioient en expirant : *Nos ennemis
pourront bien nous accabler, par leur nombre, et nous détruire ; mais ils ne pourront
jamais nous soumettre.* Dévouement ma-
gnanime, qui partoit d'un principe plus
élevé, et plus fort, que le courage humain ;

et qui fit de tout un peuple , sans distinction
d'âge , de sexe et de condition , un peuple
de héros. Le petit nombre de lâches , qui
coururent au-devant de la servitude , se
disoient des esprits forts. Régénérés par la
nouvelle philosophie , ils mendioient les
honteuses faveurs d'un barbare. Ils lui ven-
doient , sans pudeur , leur conscience , leur
honneur et leur pays. Esclaves de leur vile
ambition , ils osoient encore se glorifier de
rendre la liberté à leur patrie , et de l'affran-
chir du joug de la superstition. Superstition
salutaire , qui a préservé un vaste empire
du fléau de l'impiété , et de l'avilissement
où elle a plongé , de nos jours , tant de peuples , épris de leurs prétendues lumières ,
et follement orgueilleux de leur civilisation.
Superstition heureuse , qui est l'effroi des
tyrans , le soutien et la consolatrice des
gens de bien ; qui les nourrit encore d'espé-
rances immortelles , alors que tout leur dit
qu'il n'y a plus pour eux d'espérance sur
la terre. Merveilleuse superstition , devant
laquelle échoua une puissance monstrueuse,
à qui tout cédoit bassement dans l'univers.
Qu'elle est admirable ! qu'elle doit être
chère à tous les vrais amis de l'ordre et de
la vertu, cette gardienne incorruptible des

droits

droits des princes , et de l'indépendance
des nations ; qui ne se rebute ni de la
longue durée de ses maux , ni ne se dé-
courage par les plus cruels revers ; qui ,
toujours semblable à elle-même, ne sait ni
transiger avec l'usurpation , ni fléchir sous
le brigandage heureux.

Que la philosophie, qui parloit si fière-
ment aux hommes de leur liberté et de leurs
droits, nous montre donc les effets de ses
sublimes leçons. Je vois bien qu'elle les a
rendus féroces contre des rois foibles ; mais
je vois aussi qu'elle les a rendus foibles ,
lâches et tremblans devant des tyrans féroces. La religion seule les a bravés et les
a vaincus. Ce peuple antique , qui sera cité
à jamais, comme le modèle des peuples ,
demeura fidèle à son noble caractère ,
parce qu'il fut fidèle à la religion , qui lui
inspira son inébranlable fermeté.

Extrema, per illos ,
Relligio excedens terris , vestigia fecit.

Aujourd'hui , calme et tranquille , au
milieu de l'agitation , qui tourmente tant
d'autres peuples, fatigués, et non rassasiés
d'innovations désastreuses, et de systêmes
anarchiques, il leur sert encore d'exemple,

4

Trop sage , pour partager le délire uni-
versel , il s'estime assez heureux et assez
grand , en restant tel qu'il a été : et le ciel,
favorable à ses vœux , lui a rendu un monarque , nourri des saintes maximes des
grands rois dont il descend, et qui , jeune
encore , fait voir à l'Europe qu'il connoît
l'art de régner, et le chemin de la véritable
gloire.

Je suis , etc.

U. A. T. D. L.

17 Novembre 1817.

NOTE I. *Pour la pag.* 19.

Dans un ouvrage, spécialement destiné à la jeunesse (*Essai sur l'Oraison funèbre*), un professeur d'éloquence, à l'université de Paris, dit ingénuement, que « les querelles de l'Arianisme, sont « trop loin de nous, pour exciter notre intérêt « (1). Qu'est-ce, en effet, pour des hommes éclairés, que toutes ces vieilles disputes théologiques, sur la génération éternelle, et la consubstantialité du Verbe, où il ne sagit pas d'autre chose que de savoir si le fondateur de notre religion est véritablement Fils de Dieu, Dieu lui-même, ou une simple créature : et si nous sommes idolâtres en l'adorant. *De minimis non curat philosophus.* Jésus-Christ est trop loin de nous, pour que de pareilles questions excitent le moindre intérêt. Aussi, remarque l'habile professeur, « le récit des combats et des » malheurs de S. Athanase, victime de ces que- » relles religieuses, qui devoit émouvoir si vive- » ment ses contemporains, est indifférent à la » postérité » (2). Notre professeur se regarde apparemment, lui et une certaine école, comme formant à eux seuls la postérité. Je lui en demande pardon : il y en a encore une autre; et qui, grâce à Dieu, est assez nombreuse. Cette postérité rejette comme un outrage, l'indifférence philosophique dont on veut bien lui faire honneur.

(1) Pag. xxiv. (2) *Ibid.*

Il est vrai que quinze siècles nous séparent de
S. Athanase; mais la cause qu'il soutenoit, nous
en rapproche, et nous unit intimement à lui.
La foi ne vieillit point avec le temps. Celle que
défendoit S. Athanase, est celle que nous profes-
sons encore. Sa querelle est donc la nôtre; nous
devons être d'autant moins indifférens à ses combats et à ses malheurs, que c'est pour nous, pour
l'Eglise toute entière, qu'il a combattu et triomphé;
et que dans ce siècle de lumière, où l'Arianisme
et le socianisme ont fait de si étranges progrès, il
est plus nécessaire de se nourrir des ouvrages de
ce grand homme, et de s'animer, par ses exemples,
à défendre le christianisme, qui n'est plus qu'un
vain mot, si Jésus-Christ n'est pas Dieu. Professer
l'indifférence pour les querelles où S. Athanase se
trouva engagé, n'est-ce pas en manifester pour la
vérité qu'il défendoit? Quelle leçon pour la jeunesse! La nouvelle école applique à la gloire des
grands hommes, ses merveilleux calculs sur la
certitude historique. Leur renommée s'en va de
même décroissant, de siècle en siècle; et à une
certaine époque, elle ne doit plus réveiller le
moindre sentiment d'intérêt et d'admiration. Ce
système est conséquent, j'en conviens : je désire-
rois seulement savoir, si M. le professeur le suit,
quand il parle des héros de la Grèce et de Rome,
beaucoup plus anciens que S. Athanase, et qui
par cette raison nous doivent être encore plus indifférens. En attendant qu'il nous dise son secret,
voyons comment il juge un autre héros du christianisme, S. Jérôme. « Si l'on s'arrête à son talent,

(53)

» dit-il , il présente des beautés éclatantes , et des
» fautes bizarres , produites également par cet
» excès d’imagination , qui fut peut-être aussi la
» source commune de ses vertus et de ses erreurs.
» Son génie ressemble à sa vie ; c’est un mélange
» confus plein de grandeur et de désordre » (1).
Quelle finesse et quelle profondeur dans cette pen-
sée ! *L’excès de l’imagination, qui fut peut-être la
source commune des vertus et des erreurs.* Sainte
Thérèse, qui la nommoit la folle de la maison ,
en a sûrement été la dupe elle-même. Peut-être
est-ce à cet excès d’imagination , qu’elle fut aussi
redevable de ses vertus , comme autrefois Saint
Jérôme , dont elle aimoit tant les écrits. Vous
aurez aussi remarqué les *erreurs de S. Jérôme. Son
génie , qui ressemble à sa vie , mélange confus de
grandeur et de désordre.* Si par hasard quelque
esprit chagrin, pressoit un peu notre critique , et
le sommoit d’expliquer cathégoriquement ce qu’il
entend par les erreurs de S. Jérôme , et quel désordre il a aperçu dans sa vie , M. le professeur
répondroit sans doute , avec naïveté , que l’anti-
thèse est une dès plus brillantes figures de l’art
qu’il enseigne , et qu’elle est *obligée ,* quand on
veut produire de l’effet dans les sallons et à l’académie : que d’ailleurs la postérité , aussi indiffé-
rente pour S. Jérôme que pour S. Athanase, se
soucie fort peu de la justesse et de l’exactitude ,
pourvu qu’on l’amuse par des *concetti ;* et en
preuve, il se hâteroit de citer cette jolie phrase ,

____

(1) P. xxxvij.

sur S. Ambroise : « Il pensoit *quelquefois* avec son
» talent : malheureusement , il écrivoit *presque*
» *toujours* avec le goût de son siècle » (1). Et cette
autre , sur l'éloquence : « Ah ! l'éloquence est
« quelque chose de plus que *la science de penser*
» *et d'écrire. Le génie n'a pas toujours droit sur*
« *elle* » (2). J'allois en appeler aux Hersan et aux
Rollin , quand j'ai réfléchi que les professeurs ,
qui pensent toujours avec leur talent , et qui écri-
vent si heureusement , avec le goût de leur siècle ,
n'appartiennent point à cette antique université de
Paris , qui mérita , jusqu'en 1790 , le titre glorieux
de *Mère des sciences,* en conservant parmi nous
les traditions de la saine doctrine et du bon goût.

NOTE II. *Pour la page 42.*

On est inondé de livres élémentaires et d'abrégés
d'histoire , que les journaux ont soin de recom-
mander périodiquement aux parens et aux maîtres,
et que ceux-ci mettent imprudemment entre les
mains de la jeunesse. Les moins répréhensibles
de ces ouvrages portent encore l'empreinte de l'esprit philosophique. On en va juger. Je choisis au
hasard l'*Histoire du Bas-Empire,* par M. Royou.
Voici comment cet auteur parle de la conversion
de Constantin. « On regarde aujourd'hui comme
» une fable pieuse , ou comme un stratagême
» politique , la vision prétendue de la croix , à
» laquelle on a unanimement attribué la conver-

---

(1) P. xxxvj. (2) P. xlvj.

« version du premier Empereur chrétien. » (1).
Voltaire a mis à la mode cette formule : Tout le
monde sait : personne n'ignore : par-là on se
dispense de prouver ce qu'on veut faire acroire.
On intéresse l'amour-propre du lecteur, qui n'ose
plus douter de ce que tout le monde croit aujour-
d'hui. La méthode de Voltaire a fait fortune. Nos
historiens s'en trouvent fort bien.

Si la vision de la croix est une fable pieuse, ou
un stratagême politique, Constantin est un im-
posteur, car c'est lui-même qui raconta le fait à
Eusèbe de Césarée. Il lui dit que toute l'armée en
avoit été témoin. C'étoit mettre Eusèbe à même
d'interroger cette foule d'officiers et de soldats qui
en faisoient partie, et de s'assurer de la vérité, si
la parole de l'empereur avoit eu besoin d'un autre
témoignage. Feu M. l'abbé Duvoisin a publié une
Dissertation très-solide *sur la vision de Constantin*,
que l'auteur auroit dû consulter. Il est plus com-
mode d'écrire de tête, et de regarder, comme non
avenu, tout ce qui choque nos idées. Dans un
autre endroit, M. Royou dit encore : « Quelques
» personnes ont attribué à des motifs d'intérêt
» l'union de Constantin avec l'Eglise, parce qu'elle
» a contribué à ses succès. Il est certain que la
» faveur dont son père et lui la firent jouir, at-
» tacha les chrétiens à sa cause. Quelqu'ait été la
» cause de ce grand événement... » (2). L'auteur
ne se déclare pas ouvertement, mais on voit assez
qu'il penche pour l'opinion de ces personnes, qu'il

______

(1) T. I, p. 29. (2) P. 49.

n'a garde de nommer. Il revient une troisième fois sur le même sujet, et nous répète « que l'utilité » dont le christianisme fut à Constantin, et la » vision de la croix, ont fait douter si sa conver- » sion fut inspirée par un sentiment religieux, ou » par une spéculation politique. Il faut pourtant » convenir que l'ensemble de sa conduite *paroît* » prouver la conviction » (1). Puisque l'historien devoit en venir à cette conclusion, pourquoi re- produire tant de fois les doutes qu'on a élevés sur la sincérité de la conversion de Constantin ? Ces doutes seuls restent gravés dans l'esprit du lecteur; et la manière dont on *paroît* les combattre, n'est propre qu'à les confirmer. Ce n'est pas dire assez que l'ensemble de la conduite de Constantin *paroît* prouver sa conviction. Toute sa conduite, durant un long règne, prouve incontestablement, qu'en embrassant le christianisme, il n'obéit qu'aux mouvemens de sa conscience, et à la force de la vérité. S'il n'eût agi que par politique, il se seroit trahi plus d'une fois. Sans doute il trouvoit de grands avantages à s'attacher les chrétiens; mais les payens, qui étoient encore si nombreux et si puissans, ne devoient-ils donc entrer pour rien dans ses spéculations politiques ? On n'aperçoit cependant aucune hésitation, aucune incertitude dans sa marche. Dès qu'il se fut déclaré pour le christianisme, il s'y dévoua tout entier. Il tra- vailla toute sa vie, avec ardeur et persévérance, à déraciner l'idolâtrie. C'est par leurs actions

____

(1) P. 78.

qu'on doit juger les hommes. Fouiller dans leur conscience, pour y chercher des motifs étrangers et contradictoires à leur conduite, c'est violer à la fois toutes les règles de l'équité naturelle et de l'histoire. Notre siècle s'est signalé par cette odieuse manie. Il n'y a presque pas de vertu, pas de grand homme, dont il n'ait empoisonné les motifs secrets. N'en soyez pas surpris : on ne croit, et on n'admire les belles actions, que lorsqu'on se sent capable de les imiter. On rabaisse à son niveau, ceux dont l'élévation nous humilie et nous désespère. C'est une spéculation philosophique.

Revenons à M. Royou : en parlant de Crispe, il dit que « les qualités brillantes de ce prince » avoient excité l'attention, *peut-être la ja-* » *lousie de son père* » (1). Quel ancien auteur a soupçonné Constantin d'avoir été jaloux de la gloire de son fils ? Citez vos garans : ou votre *peut-être* est une véritable calomnie. Enfin, si Constantin différa jusqu'à sa mort de recevoir le baptême, « c'est dans la *persuasion où l'on étoit,* » que le baptême *effaçoit* toutes les fautes com- » mises » (2). Ne semble-t-il pas que ce point de notre croyance, qu'on nomme *persuasion,* ait été particulier au siècle de Constantin, et qu'on ne croie plus aujourd'hui que tous les péchés soient effacés par le baptême ?

Vous avez vu que la vision de la croix n'est qu'une fable pieuse. M. Royou n'a pas meilleure idée de l'invention de la vraie croix : « Hélène,

______

(1) P. 44. (2) P, 82.

» dit-il, âgée de soixante-dix-neuf ans, *trouva ou*
» *crut trouver* la croix où Jésus-Christ fut cruci-
» fié... (1). Constantin déposa dans sa statue (qui
» étoit l'effigie d'Apollon) ce *qu'il croyoit posséder*
» de la croix » (2). M. de Tillemont, qui s'énten-
doit assez bien à discerner les faits authentiques
des contes populaires, prouvera à M. Royou,
quand il le voudra, que *l'on ne peut point révoquer*
en doute la découverte de la vraie croix par Sainte
Hélène. (3). Il est vrai qu'il faudra croire à des
miracles, et nous ne sommes plus aussi crédules
que ces ignorans du siècle de Louis XIV.

« Arius, dit M. Royou, mourut subitement,
» au moment même où il alloit à l'église. Les
» orthodoxes attribuèrent cet événement à un
» miracle, et les Ariens, *probablement* au poison. »
Non, ils ne se montrèrent point aussi bienveillans
que l'auteur envers les orthodoxes. La mort fu-
neste de leur chef en convertit plusieurs; ceux qui
restèrent opiniâtres, l'attribuèrent, non au poison,
mais à un sortilége; tant il étoit constant qu'elle
n'étoit pas naturelle (4). Puisque l'auteur vouloit
faire mention des bruits qui coururent alors, il
devoit les recueillir dans les historiens du temps,
et ne pas mettre à leur place les odieuses conjec-
tures qu'il imagine.

« Constance, suivant M. Royou, eut quelques-
» unes de ces vertus, *compatibles avec la médiocrité*
» *du génie;* il fut chaste et sobre; il récompensoit

---

(1) P. 36. (1) P. 63. (3). T. VII. Art. 3. et Not. II. p. 683.
(4) Fleuri. Hist. Eccl. L. XI. c. LVIII. Tillem. T. VI. p. 293.

» les services, et dédaignoit les injures » (1). Cela veut dire sans doute que ces vertus sont incompatibles avec un génie supérieur ; ce qui les honore et les relève autant que le génie lui-même, et sert merveilleusement à inspirer de l'amour et du respect pour elles.

Fleuri remarque qu'il n'y a point de miracle mieux prouvé, que celui qui arriva à Jérusalem, lorsque Julien l'Apostat entreprit de reconstruire le temple. Ce miracle est si frappant, il est d'une telle importance, en ce qu'il montre l'accomplissement littéral de la prophétie de Jésus-Christ, que Bossuet a cru devoir le discuter avec soin (2). Que fera notre auteur ? Le nier ouvertement ; cela seroit un peu fort. Les gens simples crieroient au scandale, et, qui pis est, ils n'acheteroient pas le livre. D'un autre côté, comment se résoudre, dans le siècle des lumières, à passer pour croire niaisement à un miracle, qui confirme si puissamment la vérité de l'Evangile ? Le pas étoit glissant : mais l'auteur est habile homme ; et il s'en est tiré fort adroitement, comme on va voir. « Julien, dit-il, « entreprit de reconstruire le temple de Jérusalem, » soit, comme le dit Ammien Marcellin, pour » immortaliser son règne, par un grand monu- » ment, soit, comme le *prétendent* les auteurs » chrétiens, pour enlever au christianisme la preuve « tirée de la ruine de ce temple des Juifs » (3).

M. Royou commence par mettre en opposition le témoignage d'Ammien avec celui des auteurs

---

(1) P. 120. (2) Disc. sur l'Hist. Univ. (3) P. 181.

ecclésiastiques, qui prêtent à Julien des vues très-différentes. Le premier attribue à la seule vanité la reconstruction du temple ; les autres, au dessein formel de donner un démenti à l'Evangile. Ces témoignages contradictoires se balancent, et se détruisent ; ou pour mieux dire, celui d'Ammien doit l'emporter, car il parle affirmativement de l'intention de Julien, au lieu que, selon M. Royou, les auteurs chrétiens ne font que *prétendre*. C'est déjà un grand point, que d'avoir disculpé le prince Apostat d'un projet aussi impie. L'issue de son entreprise n'intéresse donc en rien le christianisme, puisqu'elle lui étoit étrangère. Poursuivons. « Ammien, dit M. Royou, raconte que

>> des tourbillons de flammes, sortis des fonde-
>> mens, repoussèrent toujours les ouvriers, et les
>> contraignirent d'abandonner l'entreprise. Dans
>> ces temps d'incrédulité, on a nié qu'un fait
>> extraordinaire, tel que celui-ci, dût être néces-
>> sairement regardé comme un miracle : on l'a
>> d'ailleurs révoqué en doute, en objectant qu'Am-
>> mien n'avoit pas été témoin oculaire de cette
>> merveilleuse éruption. Ces discussions appar-
>> tiennent à la théologie » (1).

Mon dessein n'est point de répéter tout ce que l'on a écrit sur ce miracle. Je me bornerai à quelques observations particulières, sur la manière dont M. Royou en parle. Il a fait valoir plus haut le témoignage d'Ammien, en faveur de l'intention de Julien : ici, il dit qu'on le suspecte, parce qu'il

______

(1) P. *Ibid.*

n'étoit pas témoin oculaire. Si le fait est purement naturel, quel intérêt a-t-on à infirmer le témoignage d'Ammien ? Et s'il a pu se laisser abuser par des bruits populaires, sur un événement de cette nature, quelle caution nous donnera-t-il des motifs secrets de Julien ? La rage de l'Apostat contre le christianisme, son appel à tous les Juifs de la terre, ne les rendent d'ailleurs que trop manifestes. Ce seroit bien peu connoître le caractère de Julien, qui se moquoit des Juifs et de leurs prophéties, que de supposer qu'il n'avoit point d'autre vue, en rebâtissant leur temple, que d'immortaliser son règne par un grand monument.

Je ne m'arrête point à la tournure Voltarienne qui amène *ces temps d'incrédulité*, et nous renvoie à la théologie. Je consens à y voir du sérieux. M. Royou est donc bien convaincu que les objections qu'il rapporte, sont insolubles à la simple raison, et à la critique. Ainsi, il faut être théologien pour décider qu'*un historien grave, sincère, exact, impartial*, tel qu'Ammien (1), mérite d'être cru, quand il atteste un fait public, extraordinaire, arrivé de son temps, et qui fit échouer une entreprise mémorable, qui tenoit tant à cœur au prince dont cet historien est l'admirateur et le panégyriste. Il faut avoir la clé de la théologie, pour savoir si l'on peut, sans blesser le bon sens et les règles de la critique, révoquer en doute le témoignage d'un tel historien, uniquement parce qu'il n'étoit pas sur les lieux où se passa l'événe-

____

(1) M. Royou, p. 341.

ment qu'il raconte. Quand le récit d'Ammien est
parfaitement d'accord, sur le fonds, avec celui
des auteurs ecclésiastiques, il en résulte, je crois,
une véritable démonstration historique. Que
M. Royou ne voie rien de miraculeux dans cette
explosion soudaine, et répétée toutes les fois que
les ouvriers reprennent leur travail, cela peut être.
Mais s'il n'est point partial, pourquoi ne pas
laisser au lecteur à prononcer, sans distraire son
attention par des objections puériles, mille fois
réfutées ? Pourquoi les lui présenter comme un
labyrinthe inextricable, dont on ne peut sortir
qu'à l'aide de la théologie ? Comme tous ceux qui
lisent ne sont point tenus d'être théologiens, il
s'en suit qu'ils peuvent croire ce qui leur plaît,
d'un des événemens les mieux attestés qu'il y ait
dans l'histoire.

Fidèle aux bienséances, M. Royou se feroit
scrupule de donner à Julien le titre d'Apostat,
qui lui est acquis par une possession paisible et
non contestée de quinze siècles. Cette épithète
est dure, il faut en convenir : elle sent son fanatisme, et réveille encore de fâcheuses idées
parmi le peuple. Voltaire, cet écrivain si délicat
et si poli, connoissoit trop les convenances,
pour souiller sa plume d'une expression de mau-
vaise compagnie. Il lui a trouvé un synonime fort
heureux. Toutes les fois qu'il parle de Julien,
il le nomme, avec beaucoup de respect, Julien
le philosophe. L'autorité du grand homme vaut
bien celle de l'académie. Cependant M. Royou
n'y a cédé qu'à demi, en supprimant la qualifi-

cation odieuse. Il se contente de peindre Julien
« terminant sa vie avec la tranquillité d'un phi-
» losophe, mêlée *peut-être* d'un peu d'ostenta-
» tion » (1). Il emploie une grande page à rapporter les discours qu'il tint à ses amis, avant de
s'unir au ciel et aux étoiles : expressions qui rap-
pellent, dit judicieusement M. Royou, *la doctrine*
de Pythagore et de Platon. Tout l'espace étant pris
par l'empereur philosophe, il n'en restoit plus pour
d'autres personnages, que l'auteur juge vraisem-
blablement moins dignes de son attention et de
la nôtre. Par exemple, il glisse légèrement sur la
célèbre députation de Flavien, évêque d'Antioche,
à Théodose. Il n'indique même pas son pathétique
discours, ce chef-d'œuvre de S. Chrysostome,
qui arracha des larmes à l'empereur, et désarma
sa colère. S. Hilaire de Poitiers, la gloire de
l'Eglise Gallicane, si célèbre par son éloquence et
son savoir, et bien plus encore par ses combats,
et son zèle intrépide pour la religion, M. Royou
ne le nomme qu'une seule fois ; et ce n'est ni sous

---

(1) « On accuse Julien, dit M. Royou, d'avoir im-
» molé des victimes humaines : mais *ses mœurs connues*
» repoussent cette accusation. » Celui qui persécuta
cruellement tous les chrétiens de l'empire, qui en fit
mourir plusieurs dans les supplices, qui ne se promet-
toit rien moins que de les exterminer tous à son retour
de Perse, ne pouvoit-il pas sacrifier des victimes humaines à ses abominables superstitions. Le fanatisme
de la magie est-il moins atroce que le fanatisme de
l'impiété ? Julien seroit convaincu du crime qu'on lui
impute, s'il devoit être jugé par *ses mœurs connues*.
L'histoire exige d'autres preuves.

le règne de Constance qui le persécuta , ni à l'occasion du concile de Seleucie , où il rendit un
témoignage si éclatant à la foi des Occidentaux :
il attend le règne de Valentinien , pour nous dire
que ce prince , « tout attaché qu'il étoit à la foi
» de Nicée , chassa S. Hilaire de Milan , soit que
» Valentinien eût été trompé par une déclaration
» équivoque de l'évêque de cette ville , soit que le
» zéle de S. Hilaire lui parut *trop emporté* » (1).
Le lecteur ne saura rien de plus sur ce grand
homme , et sur les services qu'il a rendus à
l'Eglise.

On avoit admiré jusqu'ici S. Léon, arrêtant par
l'ascendant de sa vertu et de son éloquence , le
farouche Attila , prêt à fondre sur Rome. Notre
historien , qui ne s'enthousiasme point pour de si
petites choses, raconte simplement que *Valentinien
envoya le Pape S. Léon et deux autres députés demander la paix , et qu'Attila accorda une trève* (2).
Il marque tout aussi laconiquement que *le Pape
S. Léon obtint de Genseric qu'il laissât subsister et
les habitans et les édifices de Rome* (3). Si un philosophe avoit rendu d'aussi éminens services à
l'humanité ; si son éloquence avoit triomphé de
deux rois barbares ! mais un pontife Romain , un
docteur de l'Eglise , mérite-t-il qu'on lui en tienne
compte ?

Je terminerai par la réflexion de notre historien
sur la prise de Rome par Alaric. Elle vaut la peine
qu'on s'y arrête un moment. « S. Augustin, dit-il,

____

(1) P. 212. (2) P. 463. (3) P. 471.

» dans

» dans sa Cité de Dieu , son disciple Orose , Sal-
» vien , et après eux l'illustre Bossuet , se sont
» attachés à prouver que ce sont les crimes de
» l'idolâtrie qui ont provoqué le courroux du ciel ,
» et la perte de Rome ; *mais quand les causes na-*
» *turelles se présentent en foule , il est inutile d'en*
» *chercher d'un autre ordre* » (1).

C'est une bonne fortune pour nos beaux esprits ,
de trouver l'occasion de redresser les docteurs de
l'Eglise. Je ne sais pourtant point si M. Royou
n'auroit pas bien fait d'en attendre une plus heureuse. Sa censure porte à faux, de quelque côté
qu'on l'envisage , et de plus, contre l'intention
de l'auteur sans doute , elle favorise l'incrédulité.

1°. S. Augustin , Orose , Salvien , et Bossuet à
leur exemple , se proposent de faire voir que la
providence divine préside aux affaires de ce
monde ; que tous les événemens politiques servent
au grand dessein de la religion et à la sanctifi-
cation des élus. Ils étoient donc obligés d'attri-
buer la prise de Rome , de même que les autres
catastrophes de cette espèce , à une volonté spé-
ciale de la providence. Bossuet a vu dans les dé-
sastres de la nouvelle Babylone, enivrée du sang
des martyrs , prise trois ou quatre fois , pillée ,
saccagée et détruite, l'explication du mystère que
le Saint-Esprit avoit révélé à l'Apôtre Saint Jean.
M. Royou contestera-t-il à Bossuet l'intelligence de
l'écriture, ou le droit de parler de Dieu, dans un
ouvrage essentiellement théologique, uniquement

---

(1) P. 472.

destiné à prouver que Dieu remue à son gré ce vaste univers , et qu'il ordonne , dans ces immuables conseils , toutes les viciscitudes qui changent la face du monde. Bien loin donc que les docteurs de l'Eglise aient eu tort de remonter à une cause d'une autre ordre , il est manifeste qu'ils auroient péché contre le bons sens , en s'arrêtant aux causes naturelles. M. Royou leur reproche donc d'avoir été conséquens , et d'avoir dit ce qu'ils devoient nécessairement dire pour atteindre leur but.

2°. Faisons abstraction , pour un instant , de la nature et de l'objet de leurs ouvrges , la critique de l'auteur n'en paroîtra pas moins déraisonnable. Car , c'est une vérité constante , un dogme aussi ancien que le monde, que l'on retrouve à chaque page dans tous les écrivains de l'antiquité payenne , savoir , que le ciel fait tôt ou tard éclater sa vengeance sur les villes et les nations criminelles qui se laissent aveugler par la prospérité, et corrompre par le luxe et la mollesse. S. Augustin et Bossuet, quand ils auroient écrit une histoire profane , ne seroient point sortis de leur sujet , en attribuant à la justice divine la destruction de Rome , et les ravages des barbares. Ils n'auroient fait en cela que suivre l'exemple des plus graves historiens , et se conformer à la croyance universelle du genre humain , que la philosophie ne détruira pas.

3°. Notre auteur pense donc que *lorsque les causes naturelles se présentent en foule, il est inutile d'en chercher une d'une autre ordre.* Or , dans tout ce qui est arrivé sur la terre , depuis la création

du monde, il n'y a pas un seul événement qui
n'ait été préparé par une foule de causes, plus ou
moins éloignées, mais toujours naturelles, ainsi
que Bossuet ne cesse de le faire remarquer; il s'en
suit donc, qu'il est toujours inutile, et qu'il le
sera toujours, de remonter à une cause d'un autre
ordre. Il s'en suit encore, que dans le cours des
choses humaines, tout marche de soi-même, tout
s'explique naturellement, sans qu'il soit jamais
besoin de reconnoître l'action toute puissante
d'une cause supérieure et cachée. Par une autre
conséquence, et à plus forte raison, comme l'ordre
physique du monde subsiste par des causes purement naturelles, qu'elles y entretiennent le mou-
vement et l'harmonie, et y produisent tous les
phénomènes, il est encore tout aussi inutile de
reconnoître et d'adorer une cause d'un autre
ordre. Il ne faudra désormais voir dans la nature,
ainsi que dans la destinée des hommes, que les
causes matérielles et sensibles. Là doit se borner
notre étude et nos réflexions. Il en résultera des
avantages infinis pour notre civilisation, qui se
perfectionne de plus en plus avec la morale,
depuis que cette doctrine est en vogue. Nos de-
vanciers, qui avoient d'autres idées, et recouroient
à une cause d'un autre ordre, n'y entendoient
rien. Aussi notre auteur nous déclare-t-il, dans
sa modeste préface, « que la plupart des histoires
» écrites en notre langue, demandent à être re-
» faites et remaniées. Il n'en connoît point, ainsi
» qu'on peut bien s'en douter, dont la refonte soit
» plus nécessaire que celle du Bas-Empire. L'ou-

vrage de M. Lebeau , malgré les éloges qu'on
» lui a prodigués , *est à peine lisible*. » Quelle reconnoissance le public ne doit-il pas à l'abrevia-
teur , pour avoir pris la peine de le lire , et de
calquer ce qu'il y a de bon dans le sien ! Nous en
avons assez dit pour faire connoître l'esprit qui y
régne. Si la jeunesse gagne quelque chose à cette
merveilleuse refonte de la savante et brillante
histoire de M. Lebeau , ce ne sera sûrement point
en connoissance plus exacte des faits , et en sentimens d'amour et de respect pour la religion et
pour les grands hommes qui l'ont honorée. *Ab uno
disce omnes.*

FIN.

FALAISE, BRÉE l'aîné, Imprimeur du Roi.